Table

fussent en état d'obtenir des provisions.
1738. f° . . . . 195.

Arrest du Conseil, qui dispense Me
Godefroy, pourvû d'une commission
d'Avocat aux Conseils, de prester le
Serment requis pour en exercer les fonctions.
7.bre 1738. f° . . . . 196.

Arrest du Conseil d'État du Roy,
portant nomination de nouveaux Syndics
et Greffier des Avocats au Conseil.
25. Septembre 1738. f° . . . . 197.

Arrest du Conseil d'État du Roy,
pour la continuation du procès Verbal
de remise des Titres et papiers des
Avocats aux Conseils. 1er 8.bre 1738. f° 199.

Arrest du Conseil d'État du Roy, sur
la remise des pièces et Procédures des

Declaration du Roy, concernant les oppositions au sceau des offices. 15 mars 1741.

fo . . . . 245.

Arrest du Conseil, qui sur l'avis donné par le Collège des Avocats aux Conseils au sujet d'une visite faite par les Syndics chés un Avocat Supprimé, et chés des Avocats Soupçonnés de luy prester leurs noms, condamne Me. Roussieu Avocat Supprimé a 500 tt d'amende, pour avoir travaillé depuis la Suppression en plusieurs Instances pendantes dans des Commissions du Conseil, et luy fait défenses de recidiver, a peine de punition exemplaire; interdit pour trois mois Me. Duppuis Avocat au Conseil, et le condamne en 100 tt d'amende, pour luy avoir presté son nom, donne acte a Me. Poitevin du Limont et Restaud de ce qu'ils n'ont point presté leurs noms aud. Me. Roussieu, et ordonne l'execution des Reglemens sur cette matiere. 2. Juin 1741. f°. . . . . 247.

Arrest du Conseil d'Etat du Roy, qui renouvelle les défenses aux Clercs Solliciteurs et à tous autres que les Avocats aux Conseils, et notamment aux Avocats dont les offices ont été supprimés de s'immiscer dans les fonctions attribuées aux Avocats aux Conseils, et auxdits Avocats de leur prester leur ministere; Comme aussi à tous les Sujets de Sa Majesté qui auront des procès en son Conseil, de se servir du ministere d'autres personnes que des Avocats aux Conseils, le tout sous les peines y portées; et ordonne que le present arrest et la liste desdits Avocats y annexée seront imprimés, lûs, publiés et affichés dans toutes les Villes et Bourgs du Royaume. 3. Juillet 1741. f°. . . . . 249.

Lettre écrite par M. le Chancelier à Messieurs les Intendans du Royaume, pour leur envoyer l'arrest du Conseil du 3. Juillet 1741. pour qu'ils le fissent publier dans leurs généralités . . . Juillet 1741. fo. 253.

Délibération du Collège des Avocats aux Conseils au sujet d'un placet présenté à M. L'Intendant de Paris, pour qu'il ne fut reçû dans les Bureaux aucun acte procedure ou mémoire dans les affaires qui s'instruisent devant eux en forme judiciaire, qu'ils ne fussent signés d'un Avocat aux Conseils. 11. Juillet 1741. fo. . . . . 255.

Délibération du Collège des Avocats aux Conseils au sujet de L'enregistrement d'un arrest du Conseil qui fait mainlevée à Me. Dappuis de L'interdiction prononcée contre Luy par arrest du deux Juin dernier. 18. Juillet 1741. fo. . . . . . 257.

Deliberation du College des Avocats
aux Conseils, qui decide que les dix derniers
reçûs d'entre - eux, seront obligé de faire
le Service aux assemblées de chaque mois,
même apprés les trois années de leur reception.
21. 9bre 1741. fe. . . . . 261.

Arrest du Conseil, En faveur des Greffiers
du Conseil, qui juge que le Greffe du
Conseil n'est pas domanial et doit estre
exempt des Droits qui se levent sur les
Greffes des Cours et Justices royales, attendu
que c'est plus tost un Secretariat qu'un Greffe,
de Sorte que les offices de Greffier du Conseil
ne peuvent estre reputés domaniaux . 15. 7bre
1739. fe. . . . . 263.

Arrest du Conseil d'Etat du Roy, au
Sujet des fonctions des huissiers des Conseils
de Sa Majesté, et de la grande Chancellerie.
14. may 1740. fe. . . . . 269.

Ordonnance de M. L'jntendant de Paris, qui fait tres expresses inhibitions et défenses à tous huissiers et Sergens, de faire aucune Signification d'actes, requestes et procédures, et icelles ordonnances, ni de les mettre à execution dans les affaires qui se poursuivent par devant Luy, Soit comme Commissaire départi dans la generalité de Paris, Soit comme Commis par Arrest du Conseil, et ce tant dans la Ville, Fauxbourgs et Banlieüe de Paris, qu'à la Suite des Conseils de Sa Majesté, Sous les peines de nullité, d'interdiction, et de trois cent livres d'amende portées par les arrests et ordonnances y enoncés, et de tous dépens, dommages et interrests. 30. Aoust 1741. f°. . . . . 289.

Arrest du Conseil d'État du Roy, qui condamne deux Jmprimeurs en l'amende pour avoir imprimé des memoires dans des affaires

affaires pendantes aux Conseils de Sa Majesté,
sans avoir été signés d'un des Avocats en ses
Conseils; Et ordonne l'execution des reglemens
precedens: Et que la liste des Avocats aux
Conseils sera remise tous les ans en la Chambre
Syndicale des Imprimeurs de la Ville de
Paris. 27. 9bre 1741. fo. . . . . 291.

Déliberation du Collège des Avocats
aux Conseils, portant que les Confreres
prendront seance et opineront assis dans
les assemblées. 5. Decembre 1741. fo. . . 293.

Deliberation du Collège des Avocats
aux Conseils, portant nomination des six
Confreres qui doivent estre presentés à
Monseigneur le Chancelier, pour estre par
Luy choisy deux Syndics pour l'année
1742. . 5. Decembre 1741. fo. . . . . . . 294.

Deliberation du College des Avocats aux
Conseils, portant installation de deux nouveaux
Syndics, et de Me Boutoux et renouvellement
du Serment ordonné au Sujet de la prestation
des noms. 5. Janvier 1742. fo .... 295. verso

Arrest du Conseil d'État privé du Roy,
Qui ordonne l'execution des Edits, Declarations,
arrests et reglemens, concernant les droits et
fonctions des huissiers du Conseil et de la grande
Chancellerie ; En consequence, que dans toutes
les affaires qui seront portées au Conseil ou
dans les Commissions qui en dependent, il ne
pourra estre donné aucune assignation ni
estre fait aucune Signification aux parties
domiciliées dans cette ville ni autre sinon que
par le ministere desdits huissiers, à peine de
nullité desdites assignations et Significations,
et contre les autres huissiers qui auroient
contrevenu aux dits reglemens, de 500tt. d'amende,
même d'interdiction. fait deffenses aux

Avocats ès Conseils, de charger d'autres
huissiers que ceux du Conseil et de la grande
Chancellerie, de donner lesdites assignations,
et de faire lesdites significations.

Comme aussi d'occuper dans le même cas
sur lesdites assignations et significations qui
auroient été faites par d'autres, si non à l'effet
de les faire déclarer nulles, à peine de nullité
de toutes les procédures.

Enjoint tant aux Greffiers du Conseil qu'à
ceux des commissions extraordinaires du Conseil,
de n'expédier aucuns arrêts ni jugements, qu'il
ne soit fait mention dans le vû des pièces, et du
nom et de la qualité des huissiers, par le
ministere desquels les assignations auroient
été données, et les significations auroient été
faites. Et ordonne que le présent arrêt
sera lû en l'assemblée des Bureaux du Conseil,
publié et affiché partout où besoin sera, pour
estre exécuté selon sa forme et teneur. 4 avril 1742. f.° 299.

Deliberation du Collège des Avocats aux Conseils, portant nomination des trois Sujets qui doivent estre présentés à M. le Chancelier, pour choisir un Doyen à la place de M. Clauzer. 19. Juin 1742. f°. . . . . 305.

Délibération du Collège des Avocats aux Conseils, pour l'installation de M. Le Roy, choisi par M. le Chancelier, pour remplir la place de Doyen, vacante par le décez de M. Clauzer. 26. Juin 1742. f° 306 verso.

Arrest du Conseil, qui ordonne l'exécution des reglemens concernant les fonctions des huissiers du Conseil et de la grande Chancellerie, enjoint aux Grossiers du Conseil et des Commissions extraordinaires du Conseil de n'en rien . . . . . . Et fait . . . . la qualité d'huissier . . . . les assignations auront été . . . . . et les significations faites. 4. avril 1742. f° . . . . . . 308.

Arrest du Conseil, qui renouvelle les
deffenses portées par les précédens arrests
et reglemens, à tous les Imprimeurs de Paris,
et autres Villes du Royaume, d'imprimer
aucun memoire, sous quelque titre et
dénomination que ce soit, dans les affaires
portées dans les Conseils du Roy, ou dans les
Commissions qui en sont émanées, sans que
lesdits memoires soient signés d'un Avocat
au Conseil; et qui supprime cinq memoires
imprimés dans les instances pendantes
aux Conseils du Roy, sans signature
d'Avocat ni de Ville Conseils, et au nom
d'Imprimeurs, avec amende tant contre les
parties que contre les Imprimeurs.
10. Decembre 1749. &c.

Deliberation du Collège des Avocats
aux Conseils du Roy, au sujet des requestes,
de la remise des pieces qui y sont annexées,
de la redaction des memoires imprimés, et
de

de la maniere de se pourvoir au Conseil de
Chancellerie pour obtenir des Lettres
contenant relief de Laps de tems et autre
grace de cette nature. 10 Xbre 1743. f°. 312.

Arrest du Conseil, qui maintient les
Avocats au Conseil dans le droit d'instruire
Seuls, et à l'exclusion de tous autres dans
les Commissions du Conseil composée de
Magistrats ou officiers du Conseil, des Cours,
ou des autres jurisdictions, lors que ladite
instruction se fera dans les lieux ou s'instrui=
=ront les affaires ou prins il; desfend aux
procureurs d'y occuper, notamment dans
celles du lieur d'Houflans composée d'officiers
du Châtelet. Et aux huissiers d'y rien
Signifier quoi que ce soit que par les dits
Avocats. 26. Decembre 1744. f°. 314. Verso

Arrest du Conseil qui supprime une
requeste, un memoire et des observations
imprimés dans des affaires pendantes au

Conseil du Roy, et au Conseil des Prises, faus
nom d'advocat aux Conseils ni d'[illegible]
a l'exception des observations; avec amende,
tant contre les parties, que contre l'[illegible]
dont le nom est au bas des observations.
24. may 1745. fo   315. verso.

Délibération du [illegible] des [illegible]
aux Conseils, pour renoncier à l'abus des
assistances de cause, dans les Instances en
reglement de Juges introduites entre les
Debiteurs et leurs creanciers. 30. mars 1746. fo 316. verso.

Deliberation [illegible] des [illegible]
aux Conseils, [illegible] les vacations et droits
qui ne peuvent estre [illegible] causes.
memoires de frais, [illegible]
liquidés par [illegible] du Conseil qui [illegible].
27. Juin 1747. fo   318.

Arrest du Conseil, [illegible]
Edits, Declarations, [illegible]

Les fonctions des Avocats au Conseils,
ensemble ceux concernant la Librairie, et
notamment les arrests des 10. Decembre
1743. et 24. may 1745. seront exécutés selon
leur formes et teneur : En consequence
ordonne qu'une requeste presentée au Conseil
par deux françois imprimés de Madrid et
imprimés à Nesmes dit Joseph Vasar,
sans nom d'Avocat au Conseils, vera et
demeurera à apprisme ... recommande tant
contre la partie que contre l'imprimeur.
24. Juillet 1747. . . . . 320.

Arrest de parreil d'Etat privé du Roy,
qui evoque à soi et à son Conseil la demande
forme au suplicolet, à ce qu'il soit ou
nommé d'Avocat au Conseil et à ce qu'il y estre fait droit,
l'a renvoyé ... apparies de l'hostel, pour
y estre jugé en dernier ressort. Mars
1742. . . . . 321.

portées dans les Conseils du Roy, ou dans les
Commissions qui en sont émanées, sans que les
dits mémoires soient signés d'un Avocat aux conseils;
et qu'il y ait... les mémoires imprimés dans
des Instances pendantes aux Conseils du Roy,
sans signature d'Avocat aux dits Conseils, et
sans nom d'Imprimeur, avec amende, tant
contre les parties que contre les Imprimeurs.
10. Decembre 1743. f°.   327.

Délibération du Collège des Avocats
aux Conseils du Roy, au sujet des requestes,
de la remise des pieces qui y sont énoncées,
de la redaction des mémoires imprimés, et
de la manière de se pourvoir au Conseil de
Chancellerie pour obtenir des Lettres
contenant relief de Loy, ou décheans, ou autres
graces de cette matiere. 10. Xbre 1743. f°. 331.

Arrest du Conseil d'Etat privé du Roy,
Qui supprime des requestes, des mémoires
et des observations imprimés dans des

Arrest du Conseil d'État du Roy, qui ordonne que les Édits, Déclarations, arrests et reglemens concernant les fonctions des Avocats aux Conseils, ensemble ceux concernant la Librairie, et notamment les Arrests des 10. Decembre 1743. et 24. may 1745. Seront executés selon leur forme et teneur. En consequence, ordonne qu'une requeste presentée au Conseil par Dom François Sanches de Madrit, et imprimée à Rennes par Joseph Vatar, au nom d'Avocat aux Conseils, sera et demeurera Supprimée avec amende, tant contre la partie que contre l'Imprimeur.
24. Juillet 1747. fo. 347.

Déliberation du Collège des Avocats aux Conseils, au dit Decret exécutoire des Greffiers du Conseil dans les cas ou les dépens sont liquidés par arrest contradictoire.

Décision du Conseil, de n'admettre aucune offre au dessous de 10^{l.} de rente. 19. Juillet 1748. §^o . . . . 357.

Arrest du Conseil d'État du Roy, Qui ordonne l'exécution des Edits, Arrests et Reglemens rendus au sujet des fonctions et droits des huissiers des Conseils du Roy, et de la grande Chancellerie : fait défenses aux autres huissiers, même à tous procureurs d'y contrevenir, sous les peines y portées, et pour les contraventions des nommés Barbara, Canois, Cerulet, Sauvé et Bouchaud, huissiers, les condamne aux amendes y portées, au payement desquelles ils seront contraints même par corps, par l'un des huissiers desd. Conseils. 20. may 1749. §^o . . . . 359.

Deliberation du Collège des Avocats aux Conseils du Roy, au sujet de la remise de toutes les pieces visées dans les requestes en cassation, et de la prompte signification des arrests qui ordonneront l'apport des procedures criminelles, ou l'envoy des motifs. 16. Juin 1750. f° . . . . 363.

Deliberation du Collège des Avocats aux Conseils du Roy, au sujet des Denonci = ations de demandes en main-levée d'oppositions au titre. 17. Juin 1749. f° . . . . 365.

Arrest du Conseil d'Etat privé du Roy, Le premier évoque à soi et à son Conseil la plainte portée au Parlement de Paris par le Prince de Grimberghen, contre Me. Roussel, Avocat au Conseil; et pour y estre fait droit, l'a renvoyée aux requestes de l'hostel au Souverain, pour y estre jugé en en dernier ressort.

Le second déboute le Prince de Grimberghen
de son opposition à l'execution de celuy
du 15. fevrier 1751. et ordonne qu'il sera
executé selon sa forme et teneur.
15. fevrier et 23. Juillet 1751. f°. . . . . 367.

Deliberation du Coll-ge des Avocats
aux Conseils du Roy, prise contre M.
Girodat, Avocat au Conseil. 26. aoust 1751.
f°. 371.

Deliberation du Collège des Avocats
aux Conseils du Roy, au sujet de deux
Lettres écrites par M. Borot, secretaire
de Monseigneur le Chancelier, l'une à
l'effet de parapher les pieces jointes aux
requestes en cassation.

L'autre au sujet des Confreres qui négligent
de se trouver aux assemblées. 26. Aoust
1751. f°. . . . . 373.

ORDONNANCE

DE LOUIS XV.

ROY DE FRANCE ET DE NAVARRE.

Donnée à Versailles au mois de Fevrier 1731.

Pour fixer la Jurisprudence sur la nature, la forme, les charges ou les conditions des Donations.

Registrée en Parlement.

LOUIS, PAR LA GRACE DE DIEU, ROY DE FRANCE ET DE NAVARRE : A tous presens & à venir, SALUT La Justice devroit estre aussi uniforme dans ses jugemens, que la Loy est une dans sa disposition, & ne pas dependre de la difference des temps & des lieux, comme elle fait gloire d'ignorer celle des personnes. Tel a esté l'esprit de tous les Legislateurs, & il n'est point de Loix qui ne renferment le vœu de la perpetuité & de l'uniformité. Leur principal objet est de prévenir les procès, encore plus que de les terminer; & la route la plus sûre pour y parvenir, est de faire regner une telle conformité dans les décisions, que, si les plaideurs ne sont pas assez sages pour estre leurs premiers juges, ils sçachent au moins, que dans tou

A

les tribunaux, ils trouveront une justice toûjours semblable à elle-même par l'observation constante des mêmes regles. Mais comme si les Loix & les Jugemens devoient éprouver ce caractere d'incertitude & d'instabilité, qui est presque inseparable de tous les ouvrages humains, il arrive quelquefois, que, soit par un deffaut d'expression, soit par les differentes manieres d'envisager les mêmes objets, la varieté des jugemens forme d'une seule Loy, comme autant de Loix differentes, dont la diversité, & souvent l'opposition, contraires à l'honneur de la Justice, le font encore plus au bien public: De-là naist en effet cette multitude de Conflicts de jurisdiction, qui ne sont formez par un plaideur trop habile, que pour éviter par le changement de Juges, la Jurisprudence qui luy est contraire, & s'assûrer celle qui luy est favorable; ensorte que le fonds même de la contestation se trouve décidé par le seul jugement qui regle la competence du Tribunal. Nostre amour pour la justice, dont Nous regardons l'administration comme le premier devoir de la Royauté, & le desir que nous avons de la faire respecter également dans tous nos Estats, ne Nous permettent pas de tolerer plus long-temps une diversité de Jurisprudence, qui produit de si grands inconveniens: Nous aurions pû la faire cesser avec plus d'éclat & de satisfaction pour Nous, si Nous avions differé de faire publier le corps des Loix qui seront faites dans cette vûë, jusqu'à ce que toutes les parties d'un projet si important eussent esté également achevées: Mais l'utilité qu'on doit attendre de la perfection de cet ouvrage, ne pouvant estre aussi prompte que Nous le desirerions; nostre affection pour nos Peuples, dont Nous prefererons toûjours l'interest à toute autre consideration, Nous a determinez à leur procurer l'avantage present, de profiter, au moins en partie, d'un travail dont Nous Nous hasterons de leur faire bientost recüeillir tout le fruit. Et Nous leur en donnons comme les prémices, par la décision des questions qui regardent la nature, la forme, & les charges ou les conditions essentielles des Donations; Matiere qui, soit par sa simplicité, soit par le peu d'opposition qui s'y trouve entre les principes du Droit Romain & ceux du Droit François, Nous a paru la plus propre à fournir le premier exemple de l'execution du plan que Nous nous sommes proposé. Avant que d'y establir des regles invariables, Nous avons jugé à propos de Nous faire informer exactement par les principaux Magistrats de nos Parlemens, & de nos Conseils superieurs, des differentes Jurisprudences qui s'y observent ; & Nous avons eû la satisfaction de voir, dans l'exposition des moyens propres à les concilier, que ces Magistrats uniquement occupez du bien de la Justice, Nous ont proposé souvent de preferer la Jurisprudence la plus simple, &, par là même la plus utile, à celle que le prejugé de la naissance & une ancienne habitude pouvoient leur rendre plus respectable ; ou s'il y a eû de la diversité de sentimens sur quelques points, elle n'a servi, par le compte qui Nous en a esté rendu dans nostre Conseil, qu'à développer encore plus les veritables principes que Nous devons suivre, pour restablir successivement dans les differentes matieres de la Jurisprudence où l'on observe les mêmes Loix, cette uniformité parfaite qui n'est pas moins honorable au Legislateur, qu'avantageuse à ses Sujets. A CES CAUSES, & autres à ce Nous mouvans, de l'avis de nostre Conseil, & de nostre certaine science, pleine puissance & authorité Royale, Nous avons dit, declaré & ordonné, disons, declarons, ordonnons & Nous plaist ce qui suit.

ARTICLE PREMIER.

TOUS Actes portant Donation entre-vifs, seront passez par-devant Notaires, & il en restera minute, à peine de nullité.

II.

LES Donations entre-vifs seront faites dans la forme ordinaire des Contracts & Actes passez par-devant Notaires, & en y observant les autres formalitez qui y ont eu lieu jusqu'à present, suivant les differentes loix, coustumes & usages des Pays soûmis à nostre domination.

III.

TOUTES Donations à cause de mort, à l'exception de celles

qui se feront par Contract de mariage, ne pourront dorefnavant avoir aucun effet, dans les Pays mêmes où elles font expreffément authorifées par les Loix ou par les Couftumes, que lorfqu'elles auront efté faites dans la même forme que les Teftamens ou les Codiciles; enforte qu'il n'y ait à l'avenir dans nos Eftats, que deux formes de difpofer de fes biens à titre gratuit, dont l'une fera celle des Donations entre-vifs, & l'autre celle des Teftamens ou des Codiciles.

I V.

TOUTE Donation entre-vifs, qui ne feroit valable en cette qualité, ne pourra valoir comme donation ou difpofition à caufe de mort, ou teftamentaire, de quelque formalité qu'elle foit reveftuë.

V.

LES Donations entre-vifs, même celles qui feroient faites en faveur de l'Eglife ou pour caufes pies, ne pourront engager le Donateur, ni produire aucun autre effet, que du jour qu'elles auront efté acceptées par le Donataire, ou par fon Procureur general ou fpecial, dont la Procuration demeurera annexée à la minute de la Donation; & en cas qu'elle eût efté acceptée par une perfonne qui auroit declaré fe porter fort pour le Donataire abfent, ladite Donation n'aura effet que du jour de la ratification expreffe; que ledit Donataire en aura faite par Acte paffé par devant Notaire, duquel Acte il reftera Minute. Deffendons à tous Notaires & Tabellions, d'accepter les Donations, comme ftipulans pour les Donataires abfens, à peine de nullité defdites ftipulations.

V I.

L'ACCEPTATION de la Donation fera expreffe, fans que les Juges puiffent avoir aucun égard aux circonftances, dont on prétendroit induire une acceptation tacite ou prefumée; & ce quand même le Donataire auroit efté prefent à l'Acte de Donation, & qu'il l'auroit figné, ou quand il feroit entré en poffeffion des chofes données.

V I I.

Si le Donataire eft mineur de vingt-cinq ans, ou interdit par authorité de Juftice, l'acceptation pourra eftre faite pour luy, foit par fon Tuteur ou fon Curateur, foit par fes pere ou mere, ou autres afcendans, même du vivant du pere & de la mere, fans qu'il foit befoin d'aucun avis de parens pour rendre ladite acceptation valable.

V I I I.

L'Acceptation pourra auffi eftre faite par les Adminiftrateurs des Hôpitaux, Hôtels-Dieu, ou autres femblables eftabliffemens de charité, authorifez par nos Lettres patentes regiftrées en nos Cours; & par les Curez & Marguilliers, lorfqu'il s'agira de Donations entre-vifs faites pour le fervice divin, pour fondations particulieres, ou pour la fubfiftance & le foulagement des Pauvres de leur paroiffe.

I X.

Les Femmes mariées, même celles qui ne feront communes en biens, ou qui auront efté feparées par Sentence ou par Arreft, ne pourront accepter aucunes Donations entre-vifs fans eftre authorifées par leur mari, ou par Juftice à fon refus. N'entendons néantmoins rien innover fur ce point, à l'égard des Donations qui feroient faites à la femme, pour luy tenir lieu de bien paraphernal, dans les Pays où les femmes mariées peuvent avoir des biens de cette qualité.

X.

N'entendons pareillement comprendre dans la difpofition des Articles precedens, fur la neceffité & la forme de l'acceptation dans les Donations entre-vifs, celles qui feroient faites par Contract de mariage aux conjoints, ou à leurs enfans à naiftre, foit par les conjoints mêmes, ou par les afcendans ou parents collateraux, même par des eftrangers; lefquelles Donations ne pourront eftre attaquées, ni declarées nulles, fous pretexte de défaut d'acceptation.

X I.

Lorsqu'une Donation aura efté faite en faveur du

Donataire & des enfans qui en naiſtront, ou qu'elle aura eſté char-
gée de ſubſtitution au profit deſdits enfans ou autres perſonnes
nées ou à naiſtre, elle vaudra en faveur deſdits enfans ou autres
perſonnes, par la ſeule acceptation dudit Donataire, encore
qu'elle ne ſoit pas faite par Contract de mariage, & que les
Donateurs ſoient des collateraux ou des eſtrangers.

X I I.

VOULONS pareillement, qu'en cas qu'une Donation faite
à des enfans nez & à naiſtre, ait eſté acceptée par ceux qui
eſtoient déja nez dans le temps de la donation, ou par leurs
Tuteurs, ou autres dénommez dans l'Article VII. elle vaille,
meſme à l'égard des enfans qui naiſtront dans la ſuite, nonobſtant le defaut d'acceptation faite de leur part ou pour eux,
encore qu'elle ne ſoit pas faite par Contract de mariage, & que
les Donateurs ſoient des collateraux ou des eſtrangers.

X I I I.

LES Inſtitutions contractüelles, & les Diſpoſitions à cauſe
de mort, qui ſeroient faites dans un Contract de mariage, même par des collateraux, ou par des eſtrangers, ne pourront eſtre
attaquées par le defaut d'acceptation.

X I V.

LES Mineurs, les Interdits, l'Egliſe, les Hôpitaux, Communautez, ou autres qui joüiſſent des privileges des mineurs,
ne pourront eſtre reſtituez contre le defaut d'acceptation des
donations entre-vifs ; le tout ſans prejudice du recours tel que
de droit deſdits mineurs ou interdits, contre leurs Tuteurs ou
Curateurs ; & deſdites Egliſes, Hôpitaux, Communautez, ou
autres joüiſſans des privileges des mineurs, contre leurs Adminiſtrateurs ; ſans qu'en aucun cas la Donation puiſſe eſtre confirmée, ſous pretexte de l'inſolvabilité de ceux contre leſquels ledit recours pourra eſtre exercé.

X V.

AUCUNE Donation entre-vifs ne pourra comprendre d'autres biens que ceux qui appartiendront au Donateur dans le
temps de la Donation : Et ſi elle renferme des meubles, ou effets

mobiliers, dont la Donation ne contienne pas une tradition
réelle, il en sera fait un estat signé des parties, qui demeurera
annexé à la minute de ladite donation, faute de quoy, le Donataire ne pourra pretendre aucun desdits meubles ou effets mobiliers, mesme contre le Donateur ou ses héritiers : Deffendons
de faire doresnavant aucunes Donations des biens presens & à
venir (si ce n'est dans le cas cy-après marqué) à peine de nullité desdites donations, même pour les biens presens, & ce
encore que le Donataire eust esté mis en possession, du vivant
du Donateur, desdits biens presens, en tout ou en partie.

X V I.

Les Donations qui ne comprendroient que les biens presens, seront pareillement declarées nulles, lorsqu'elles seront
faites à condition de payer les dettes & charges de la succession
du Donateur, en tout ou en partie, ou autres dettes & charges
que celles qui existoient lors de la Donation, même de payer
les legitimes des enfans du Donateur, au-delà de ce dont ledit
Donataire peut en estre tenu de droit, ainsi qu'il sera reglé cy-
après ; laquelle disposition sera observée generalement à l'égard
de toutes les Donations faites sous des conditions dont l'execution depend de la seule volonté du Donateur : Et en cas qu'il
se soit reservé la liberté de disposer d'un effet compris dans la
Donation, ou d'une somme fixe à prendre sur les biens donnez, voulons que ledit effet ou ladite somme ne puissent estre
censez compris dans la Donation, quand même le Donateur
seroit mort sans en avoir disposé, auquel cas, ledit effet ou ladite
somme appartiendront aux héritiers du Donateur, nonobstant
toutes clauses ou stipulations à ce contraires.

X V I I.

Voulons néantmoins que les Donations faites par Contract de mariage, en faveur des conjoints ou de leurs descen-
dans, même par des collateraux ou par des estrangers, soient
exceptées de la disposition de l'Article XV. cy-dessus, & que
lesdites Donations faites par Contract de mariage, puissent
comprendre tant les biens à venir que les biens presens, en tout

A iiij

ou en partie ; auquel cas, il fera au choix du Donataire, de prendre les biens tels qu'ils fe trouveront au jour du deceds du Donateur, en payant toutes les dettes & charges, même celles qui feroient pofterieures à la donation, ou de s'en tenir aux biens qui exiftoient dans le temps qu'elle aura efté faite, en payant feulemeut les dettes & charges exiftentes audit temps.

X V I I I.

ENTENDONS pareillement que les Donations des biens prefens, faites à condition de payer indiftinctement toutes les dettes & charges de la fucceffion du Donateur, même les legitimes indéfiniment, ou fous d'autres conditions dont l'execution dependroit de la volonté du Donateur, puiffent avoir lieu dans les Contracts de mariage en faveur des conjoints ou de leurs defcendans, par quelques perfonnes que lefdites Donations foient faites, & que le Donataire foit tenu d'accomplir lefdites conditions, s'il n'aime mieux renoncer à ladite donation : Et en cas que ledit Donateur par Contract de mariage, fe foit refervé la liberté de difpofer d'un effet compris dans la donation de fes biens prefens, ou d'une fomme fixe à prendre fur lefdits biens, voulons que s'il meurt fans en avoir difpofé, ledit effet ou ladite fomme appartiennent au Donataire ou à fes héritiers, & foient cenfez compris dans ladite Donation.

X I X.

LES Donations faites dans les Contracts de mariage en ligne directe, ne feront pas fujettes à la formalité de l'infinüation.

X X.

TOUTES les autres Donations, mefme les Donations remuneratoires ou mutüelles, quand même elles feroient entierement égales, ou celles qui feroient faites à la charge de fervices & de fondations, feront infinuées fuivant la difpofition des Ordonnances, à peine de nullité.

X X I.

LADITE peine de nullité n'aura pas lieu néantmoins à l'égard des dons mobils, augments, contre-augments, engagements, droits de retention, agencemens, gains de nôces & de furvie, dans les pays où ils font en ufage; à l'égard de toutes lefquelles ftipulations ou conventions, à quelque fomme ou valeur qu'elles puiffent monter, noftre Declaration du 25. Juin 1729. fera executée fuivant fa forme & teneur.

X X I I.

L'EXCEPTION portée par l'Article precedent, & par ladite Declaration, aura pareillement lieu à l'égard des donations de chofes mobiliaires, quand il y aura tradition réelle, ou quand elles n'excederont pas la fomme de mille livres une fois payée.

X X I I I.

DANS tous les cas où l'Infinuation eft neceffaire à peine de nullité, les donations d'immeubles réels, ou de ceux qui, fans eftre réels, ont une affiette felon les Loix, coûtumes, ou ufages des lieux, & ne fuivent pas la perfonne du Donateur, feront Infinuées fous ladite peine de nullité, au Greffe des Bailliages ou Senefchauffées Royales, ou outre Siege Royal reffortiffant nuëment en nos Cours, tant du domicile du Donateur, que du lieu dans lequel les biens donnez font fituez, ou ont leur affiette. Et à l'égard des donations de chofes mobiliaires, mefme des immobiliaires qui n'ont point d'affiette & fuivent la perfonne, l'Infinuation s'en fera feulement au Greffe du Bailliage ou Senefchauffée Royale, ou autre Siege Royal reffortiffant nuëment en nos Cours, du domicile du Donateur. Deffendons de faire aucunes Infinuations dans d'autres Jurifdictions Royales, ou dans les Juftices Seigneuriales, mefme dans celles des Pairies; & en cas que le Donateur y ait fon domicile, ou que les biens donnez y foient fituez, l'Infinuation fera faite au Greffe du Siege qui a la connoiffance des cas Royaux, dans le lieu dudit domicile ou de la fituation des biens donnez, le tout à peine de nullité.

X X I V.

SERA tenu à l'avenir dans chaque Bailliage ou Senefchauffée Royale un Regiftre particulier, qui fera coté & paraphé à chaque feüillet par le premier Officier du Siege, clos & arrefté à la fin de chaque année par ledit Officier; dans lequel Regiftre fera tranfcrit en entier l'Acte de donation, fi elle eft faite par un Acte feparé, finon la partie de l'Acte qui contiendra la donation, fes charges ou conditions, fans en rien obmettre; à l'effet de quoy la Groffe ou expedition dudit Acte feront repre-fentez, fans qu'il foit neceffaire de rapporter la minute.

X X V.

LE Dépofitaire dudit Regiftre fera tenu d'en donner com-munication toutes les fois qu'il en fera requis, & fans ordon-nance de Juftice, mefme d'en delivrer un extrait figné de luy, fi les parties le demandent; le tout fauf fon falaire raifonnable, & ainfi qu'il eft reglé par noftre Declaration du 17. du prefent mois.

X X V I.

LORSQUE l'Infinuation aura efté faite dans les délays portez par les Ordonnances, mefme après le deceds du Donateur ou du Donataire, la donation aura fon effet du jour de fa date, à l'égard de toutes fortes de perfonnes. Pourra néantmoins eftre Infinuée après lefdits délays, mefme après le deceds du Dona-taire, pourvû que le Donateur foit encore vivant; mais elle n'aura effet en ce cas, que du jour de l'Infinuation.

X X V I I.

LE defaut d'Infinuation des donations qui y font fujettes à peine de nullité, pourra eftre oppofé, tant par les tiers acque-reurs & créanciers du Donateur, que par fes héritiers, dona-taires pofterieurs, ou légataires, & generalement par tous ceux qui y auront intereft, autres néantmoins que le Donateur; & la difpofition du prefent Article, aura lieu encore que le Dona-teur fe fût chargé expreffement de faire Infinuer la donation, à peine de tous depens, dommages & interefts, laquelle claufe fera regardée comme nulle & de nul effet.

X X V I I I.

LE defaut d'Infinuation pourra pareillement eftre oppofé à la femme commune en biens, ou feparée d'avec fon mari, & à fes héritiers, pour toutes les donations faites à fon profit, mefme à titre de dot, & ce, dans tous les cas où l'Infinuation est neceſſaire à peine de nullité; ſauf à elle ou à ſes héritiers d'exercer leur recours, s'il y eſchet, contre le mari ou ſes héritiers; ſans que ſous prétexte de leur inſolvabilité, la donation puiſſe eſtre confirmée en aucun cas, nonobſtant le defaut d'Inſinuation.

X X I X.

N'ENTENDONS néantmoins qu'en aucun cas ledit recours puiſſe avoir lieu, quand il s'agira de donations faites à la femme pour luy tenir lieu de bien paraphernal, ſi ce n'eſt ſeulement lorſque le mari aura eu la joüiſſance de cette nature de bien, du conſentement exprès ou tacite de la femme.

X X X.

LE mari, ni ſes héritiers ou ayans cauſe, ne pourront en aucun cas, & quand meſme il s'agiroit de donation faite par d'autres que par le mari, oppoſer le defaut d'Inſinuation à la femme commune ou ſeparée, ou à ſes héritiers ou ayans cauſe, ſi ce n'eſt que ladite donation eût eſté faite pour tenir lieu à la femme de bien paraphernal, & qu'elle en eût eu la libre joüiſſance & adminiſtration.

X X X I.

LES Tuteurs, Curateurs, Adminiſtrateurs, ou autres qui par leur qualité ſont tenus de faire Inſinuer les donations faites par eux ou par d'autres perſonnes aux mineurs ou autres eſtant ſous leur authorité, ne pourront pareillement, ni leurs héritiers ou ayans cauſe, oppoſer le defaut d'Inſinuation auſdits mineurs ou autres donataires dont ils ont eû l'adminiſtration, ni à leurs héritiers ou ayans cauſe.

X X X I I.

LES Mineurs, l'Egliſe, les Hôpitaux, Communautez, ou autres qui joüiſſent du privilege des mineurs, ne pourront eſtre reſtituez contre le defaut d'Inſinuation, ſauf leur recours tel que de droit contre leurs Tuteurs ou Adminiſtrateurs, & ſans que la reſtitution puiſſe avoir lieu, quand meſme leſdits Tuteurs ou Adminiſtrateurs ſe trouveroient inſolvables.

XXXIII.

N'entendons comprendre dans les difpofitions des Articles precedens qui concernent l'Infinuation, les pays du Reffort de noftre Cour de Parlement de Flandre.

XXXIV.

Si les biens que le Donateur aura laiffez en mourant, fans en avoir difpofé, ou fans l'avoir fait autrement que par des difpofitions de derniere volonté, ne fuffifent pas pour fournir la légitime des enfans, eu égard à la totalité des biens compris dans les donations entre-vifs par luy faites, & de ceux qui n'y font pas renfermez ; ladite légitime fera prife premierement fur la derniere donation, & fubfidiairement fur les autres, en remontant des dernieres aux premieres : Et en cas qu'un ou plufieurs des Donataires foient du nombre des enfans du Donateur, qui auroient eû droit de demander leur légitime fans la donation qui leur a efté faite, ils retiendront les biens à eux donnez, jufqu'à concurrence de la valeur de leur légitime, & ils ne feront tenus de la légitime des autres que pour l'excedent.

XXXV.

La dot, même celle qui aura efté fournie en deniers, fera pareillement fujette au retranchement pour la légitime dans l'ordre prefcrit par l'Article precedent ; ce qui aura lieu, foit que la légitime foit demandée pendant la vie du mari, ou qu'elle ne le foit qu'après fa mort, & quand il auroit joüi de la dot pendant plus de trente ans, ou quand mefme la fille dotée auroit renoncé à la fucceffion par fon Contract de mariage ou autrement, ou qu'elle en feroit exclufe de droit, fuivant la difpofition des Loix, couftumes ou ufages.

XXXVI.

Dans le cas où la donation des biens prefens & à venir pour le tout ou pour partie, a efté authorifée par l'Article XVII. fi elle comprend la totalité defdits biens prefens & à venir, le Donataire fera tenu indéfiniment de payer les légitimes des enfans du Donateur, foit qu'il en ait efté chargé nommément

par la donation, foit que cette charge n'y ait pas efté expri-
mée : Et lorfque la donation ne contiendra qu'une partie des
biens prefens & à venir, le Donataire ne fera obligé de payer
lefdites légitimes, au de-là de ce dont il en peut eftre tenu de
droit, fuivant l'Article XXXIV. qu'en cas qu'il en ait efté expreffement chargé par la donation, & non autrement ; auquel
cas d'expreffion de ladite charge, le Donataire fera tenu direc-
tement, & avant tous les autres Donataires, quoyque pofterieurs,
d'acquitter lefdites légitimes pour la part & portion dont il aura
efté chargé dans la Donation ; Et fi ladite portion n'y a pas efté
expreffement determinée, elle demeurera fixée à telle & fembla-
ble portion que celle pour laquelle les biens prefens & à venir
fe trouveront compris dans la Donation ; fauf au Donataire,
dans tous les cas portez par le prefent Article, de renoncer,
fi bon lui femble, à la Donation.

X X X V I I.

Si néantmoins le Donataire, par Contract de mariage, de la
totalité ou de partie des biens prefens & à venir, declare qu'il
opte de s'en tenir aux biens qui appartenoient au Donateur au
temps de la donation, & qu'il renonce aux biens pofterieurement acquis par ledit Donateur, fuivant la faculté qui luy eft
accordée par l'Article XVII. les légitimes des enfans fe prendront fur lefdits biens pofterieurement acquis, s'ils fuffifent ; finon, ce qui s'en manquera, fera pris fur tous les biens qui appartenoient au Donateur dans le temps de la Donation, fi elle
comprend la totalité defdits biens : Et en cas que la Donation
ne foit que d'une partie des biens, & qu'il y ait plufieurs Donataires, la difpofition de l'Article XXXIV. fera obfervée entre
eux felon fa forme & teneur.

X X X V I I I.

La prefcription ne pourra commencer à courir en faveur
des Donataires contre les légitimaires, que du jour de la mort
de ceux fur les biens defquels la légitime fera demandée.

X X X I X.

Toutes Donations entre-vifs, faites par perfonnes qui

n'avoient point d'enfans, ou de defcendans, actuellement vivans dans le temps de la Donation, de quelque valeur que lefdites Donations puiffent eftre, & à quelque titre qu'elles ayent efté faites, & encore qu'elles fuffent mutuelles ou remuneratoires, même celles qui auroient efté faites, en faveur de mariage, par autres que par les conjoints ou les afcendans, demeureront revoquées de plein droit par la furvenance d'un enfant legitime du Donateur, même d'un pofthume, ou par la légitimation d'un enfant naturel par mariage fubfequent, & non par aucune autre forte de légitimation.

X L.

LADITE revocation aura lieu, encore que l'enfant du Donateur ou de la Donatrice fût conçû au temps de la Donation.

X L I.

LA Donation demeurera pareillement revoquée, quand même le Donataire feroit entré en poffeffion des biens donnez, & qu'il y auroit efté laiffé par le Donateur depuis la furvenance de l'enfant ; fans néantmoins que ledit Donataire foit tenu de reftituer les fruits par luy perçûs, de quelque nature qu'ils foient, fi ce n'eft du jour que la naiffance de l'enfant, ou fa légitimation par mariage fubfequent, luy aura efté notifiée par exploit ou autre acte en bonne forme ; & ce, quand même la demande pour rentrer dans les biens donnez, n'auroit efté formée que pofterieurement à ladite notification.

X L I I.

LES biens compris dans la Donation revoquée de plein droit, rentreront dans le patrimoine du Donateur, libres de toutes charges & hypotheques du chef du Donataire, fans qu'ils puiffent demeurer affectez, même fubfidiairement, à la reftitution de la Dot de la femme dudit Donataire, reprifes, doüaire, ou autres conventions matrimoniales ; ce qui aura lieu, quand même la Donation auroit efté faite en faveur du mariage du Donataire, & inferée dans le Contract, & que le Donateur fe feroit obligé comme caution par ladite donation, à l'execution du Contract de mariage.

X L I I I.

Les Donations ainſi revoquées ne pourront revivre, ou avoir de nouveau leur effet, ni par la mort de l'enfant du Donateur, ni par aucun acte confirmatif; & ſi le Donateur veut donner les mêmes biens au même Donataire, ſoit avant ou après la mort de l'enfant par la naiſſance duquel la donation avoit eſté revoquée, il ne le pourra faire que par une nouvelle diſpoſition.

X L I V.

Toute clauſe ou convention par laquelle le Donateur auroit renoncé à la révocation de la Donation, pour ſurvenance d'enfant, ſera regardée comme nulle, & ne pourra produire aucun effet.

X L V.

Le Donataire, ſes héritiers ou ayans cauſe, ou autres détenteurs des choſes données, ne pourront oppoſer la preſcription pour faire valoir la donation revoquée par la ſurvenance d'enfans, qu'après une poſſeſſion de trente années, qui ne pourront commencer à courir que du jour de la naiſſance du dernier enfant du Donateur, même poſthume; & ce, ſans préjudice des interruptions telles que de droit.

X L V I.

N'entendons comprendre dans les diſpoſitions de la preſente Ordonnance, ce qui concerne les Dons mutuels & autres Donations faites entre mari & femme, autrement que par le Contract de mariage, ni pareillement les Donations faites par le pere de famille aux enfans eſtant en ſa puiſſance, à l'égard de toutes leſquelles Donations il ne ſera rien innové, juſqu'à ce qu'il y ait eſté autrement par Nous pourvû.

X L V I I.

Voulons au ſurplus que la preſente Ordonnance ſoit gardée & obſervée dans tout noſtre Royaume, Terres & Pays de noſtre obéïſſance, à compter du jour de la publication qui en ſera faite: Abrogeons toutes Ordonnances, Loix, Coûtumes, Statuts & uſages differents, ou qui ſeroient contraires aux

diſpoſitions y contenuës; ſans néantmoins que les donations faites avant ladite publication, puiſſent eſtre attaquées ſous pretexte qu'elles ne ſeroient pas conformes aux regles par Nous
preſcrites, noſtre intention eſtant qu'elles ſoient executées ainſi
qu'elles auroient pû & dû l'eſtre auparavant, & que les conteſ-
tations nées & à naiſtre ſur leur execution, ſoient décidées ſuivant les Loix & la Juriſprudence qui ont eû lieu juſqu'à pre-
ſent dans nos Cours à cet égard.

Sı donnons en mandement à nos amez & feaux
les Gens tenans nos Cours de Parlement, Grand-Conſeil,
Chambres des Comptes, Cours des Aydes, Baillifs, Seneſchaux,
& tous autres nos Officiers, que ces preſentes ils gardent,
obſervent, entretiennent, faſſent garder, obſerver & entrete-
nir, & pour les rendre notoires à nos Sujets, les faſſent lire,
publier & regiſtrer: Car tel est nostre plaisir. Donné
à Verſailles au mois de Fevrier, l'an de grace mil ſept cens
trente un, & de noſtre Regne le ſeizieme. *Signé* LOUIS. *Et
plus bas,* par le Roy, Phelypeaux. *Viſa* Chauvelin. Et
ſcellé du grand Sceau de cire verte.

*Regiſtrée, Oüy & ce requerant le Procureur general du Roy, pour
eſtre executée ſelon ſa forme & teneur; & Copies collationnées
envoyées aux Bailliages & Seneſchauſſées du Reſſort, pour y
eſtre lû, publié & regiſtré. Enjoint aux Subſtituts du Procureur general du Roy, d'y tenir la main, & d'en certifier la Cour
dans un mois ſuivant l'Arreſt de ce jour. A Paris en Parlement le neufvieme jour de Mars mil ſept cens trente-un.*
Signé Dufranc.